Welches Schiff erreicht den Schatz? Spure die Linien nach.

Findest du die drei Ausschnitte im Bild wieder?
Kreise die richtigen Stellen ein.

Pia hat aus einem Stoff Kleider für
ihre gebastelten Ballerinas ausgeschnitten.
Welches Kleid war an welcher Stelle? Verbinde mit einer Linie.

Die Männer üben sich im Kampf. Findest du im Bild unten acht Unterschiede? Kreuze sie an.

Findest du die Reimworte?
Verbinde, was zusammengehört.

Diese zwei Wikinger sind fast gleich.
Findest du sechs Unterschiede? Kreuze sie an.

Kreuze an, was in die Balletttasche gehört.

Welcher Elfenmann darf die schöne Fee küssen?
Er hält genau dieselbe Blume in der Hand wie sie.
Zähle die Blütenblätter, und male dann die Fee
und den richtigen Elfenmann bunt an.

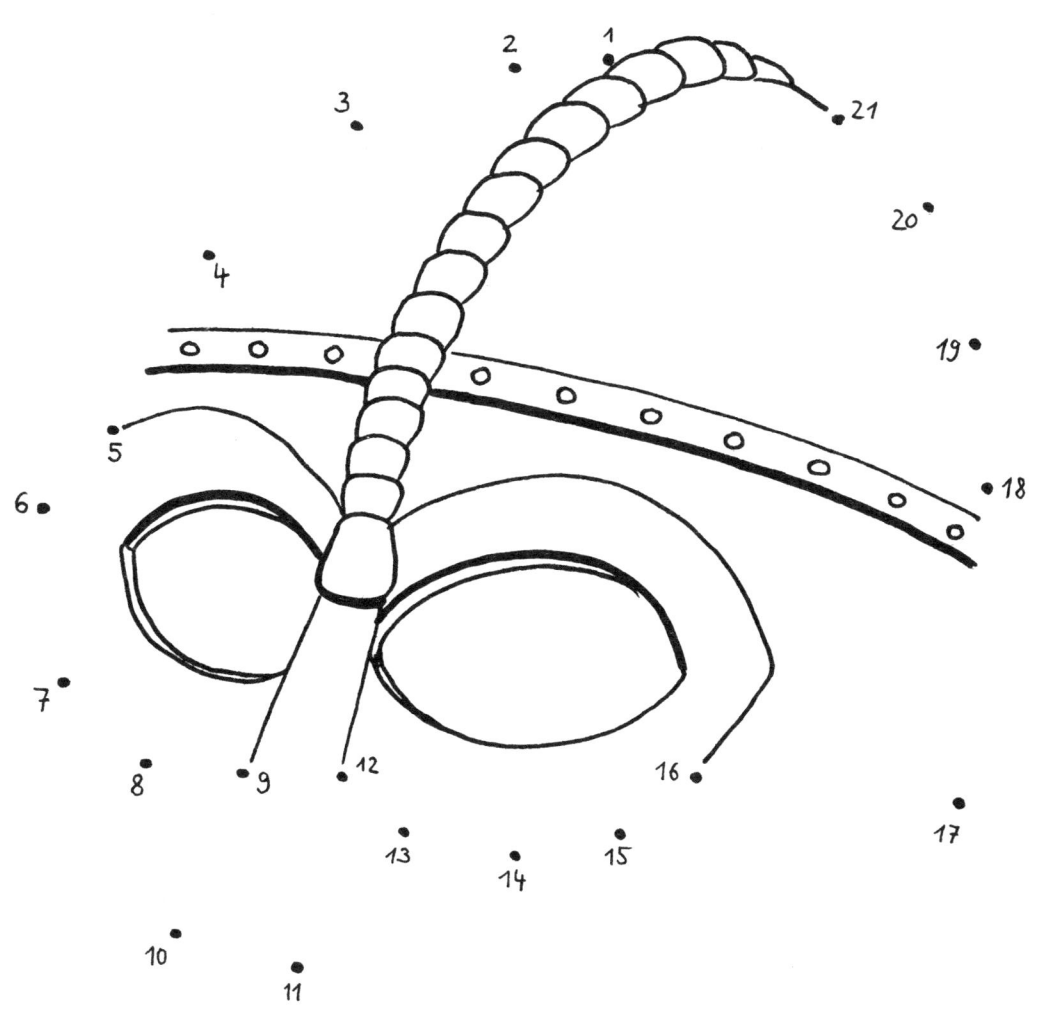

Was ist das? Es gehört dem Häuptling.
Verbinde die Punkte von 1 bis 21.

Welche Dinge passen nicht ins Elfenland?
Kreise sie ein.

Welcher Schatten gehört zu welcher Tasche?
Verbinde mit einer Linie.

Das Boot hat den Sturm nicht überstanden.
In welche Lücken passen die Holzstücke?
Verbinde mit Linien.

Welchen Weg müssen die drei Zwerge nehmen,
um nach Hause zu kommen? 1, 2 oder 3?
Fahre die Wege mit verschiedenen Farben nach.

Was verbirgt sich hier?
Male die Felder entsprechend den Farbangaben aus.
1 = Blau   2 = Grün   3 = Gelb   4 = Braun   5 = Rot

Gehört das wirklich in Sarahs Müslischüssel?
Verbinde die Zahlen von 1 bis 10 in der richtigen Reihenfolge,
und finde heraus, was es ist.

HOSE

Die Zwergenfliege ist an einem Dornenzweig hängen geblieben.
Was hat sie sich zerrissen? Spure das Wort nach.

Solche prächtig verzierten Spangen trugen die Wikinger
zum Halten ihrer Kleider. Findest du fünf Unterschiede zwischen
den beiden Spangen? Kreuze sie an.

Wer steht hier im Blumenbeet?
Male das Bild an.

Welches Puzzleteil passt in das Bild?
Male das richtige Teil und das Bild bunt aus.

Ein Bild in jeder Reihe fängt nicht mit dem
vorgegebenen Buchstaben an.
Streiche es durch und male die anderen an.

Aus jeder der vier Karten ist ein Stück herausgeschnitten
worden. Findest du heraus, wo die Stücke herkommen?
Verbinde jedes Stück mit seiner Karte.

Ein Schmuckteppich mit Muster.
Vervollständige ihn, und male alles aus.

Um vier Uhr beginnt die Ballettstunde.
Welche Uhr zeigt die richtige Uhrzeit an?
Male sie aus.

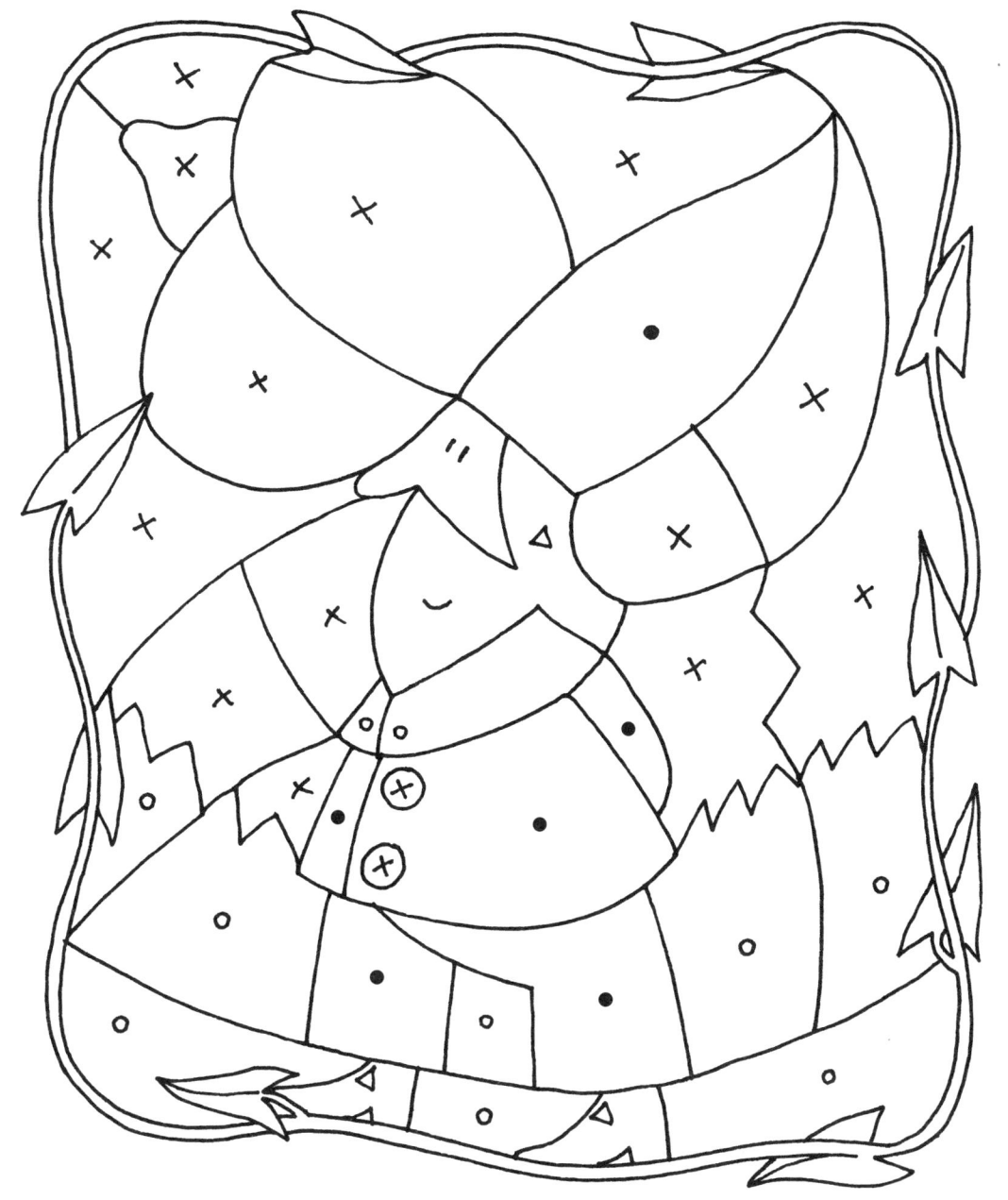

Was versteckt sich hier? Male das Bild so aus:

✕ = Blau   ◯ = Grün   ● = Rot   △ = Braun

Übe, die Zahlen zu schreiben.

Nicht alle drei Ausschnitte gehören zum Bild.
Welcher passt nicht? Streiche ihn durch.

Wenn du die Dinge auf der linken und auf der rechten Seite
richtig verbindest, entstehen vier neue Wörter.

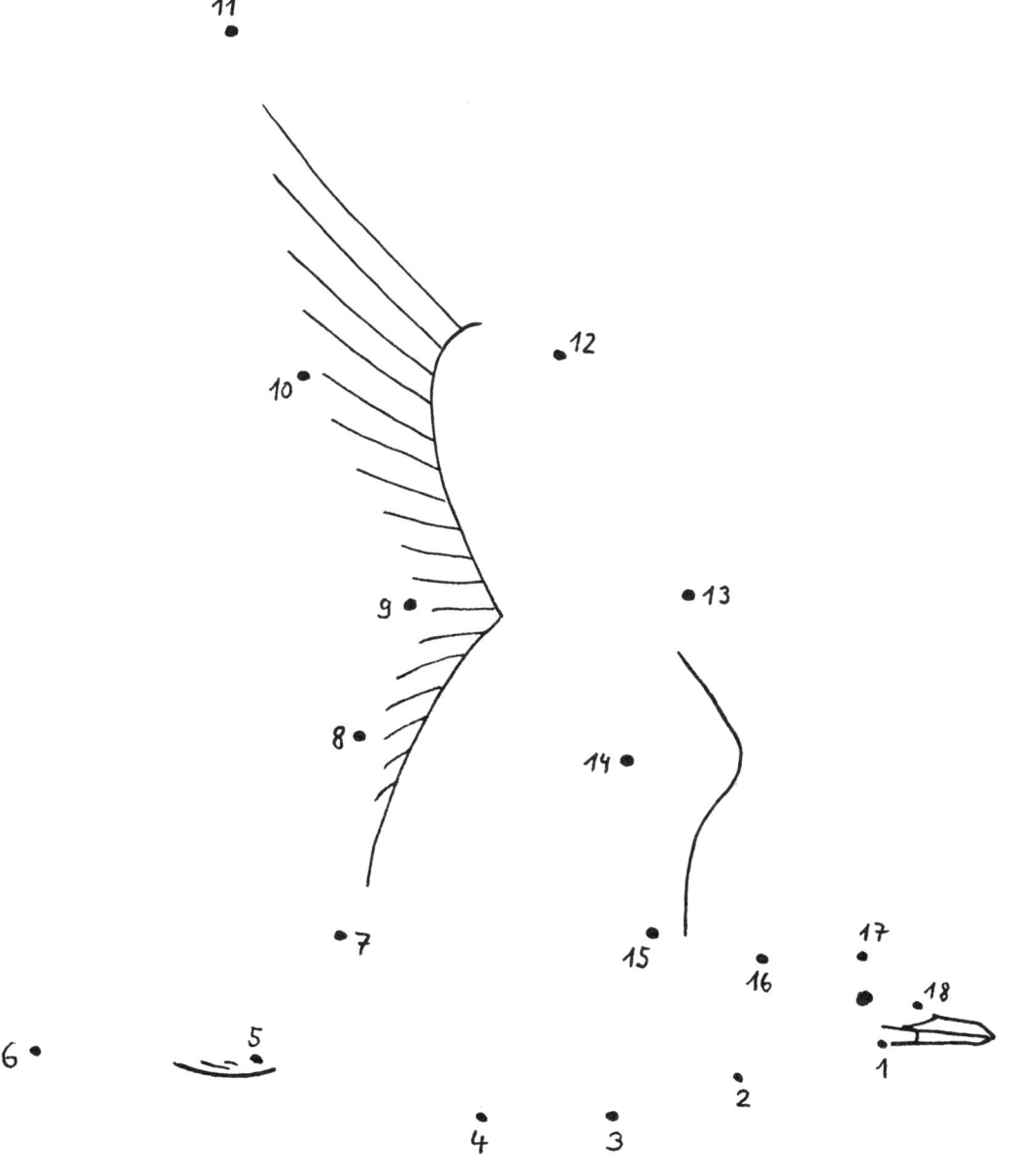

Verbinde die Punkte von 1 bis 16,
dann siehst du einen häufigen Begleiter der Wikingerboote.

KATZE

MAUS

HUND

Welche Haustiere haben die Ballerinas?
Spure die Wörter nach.

Hier stimmt doch etwas nicht!
Fünf Dinge passen nicht zu einer Fee.
Findest du sie? Kreise sie ein.

Wie viele Krähen zählst du?
Kreuze die richtige Zahl an.

Der Gärtnerzwerg wünscht sich einen neuen Hut.
Welchen soll er haben? Schneide die Hüte aus,
und probiere sie ihm an.

Prächtige Schätze der Wikinger.
Verbinde jeden Gegenstand mit seinem Schattenbild.

Finde heraus, was Lena zum Geburtstag geschenkt
bekommen hat. Verbinde dazu die Zahlen von 1 bis 12
in der richtigen Reihenfolge.

Um wie viel Uhr sind die beiden auf dem Blatt verabredet?
Zähle die Blätter am Zweig, und du weißt es.
Kannst du die richtige Uhrzeit auf das Zifferblatt malen?

Male alles in den angegebenen Farben aus,
dann erkennst du das Bild.

II = Dunkelblau   O = Hellblau   △ = Rot

• = Braun   ◆ = Grün   □ = Gelb

Die kleine Elfe genießt die Sonne.
Ordne die Puzzleteile mit Linien den Lücken im Bild zu.

Es ist Ballettstunde.
Wie viele Ballerinas zählst du in jedem Raum?
Kreuze die richtige Zahl an.

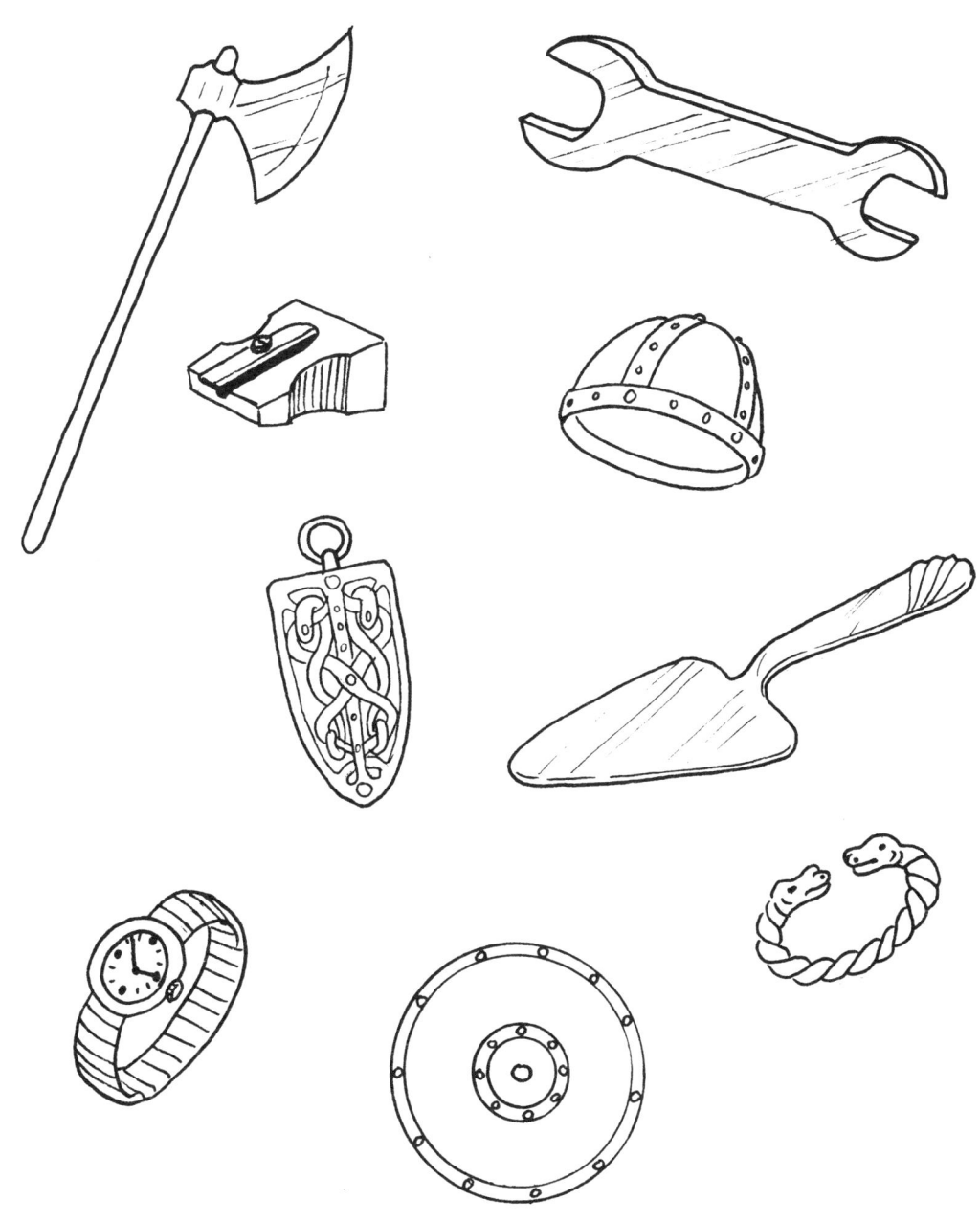

Vier Dinge gehören nicht in die Wikingerzeit.
Streiche sie durch, und male die anderen aus.

Wer sitzt wo im Sonnenaufgang?
Verbinde die Figuren mit ihren Schattenbildern.

Solche Stabkirchen bauten die Wikinger.
Spure die gepunkteten Linien sorgfältig nach,
und male das Bild aus.

Zeichne die Choreografien der Tänzerinnen weiter.

Welche Zwergenfliege möchte der Frosch mit seinem Kescher
fangen? Folge den Linien, dann findest du es heraus.

Ein Eierräuber, das mögen die Möwen gar nicht gern.
Wie viele Vögel zählst du? Wie viele Eier?
Trage die Anzahl ein.

5 ◯   6 ◯   7 ◯

Es regnet, und der kleine Zwerg hat Schnupfen.
Wie viele Taschentücher liegen schon am Boden?
Kreuze die richtige Zahl an.

Luisa versucht herauszufinden,
welcher Stapel die Tänzerin neben ihr bildet.
Hilf ihr, und kreise den richtigen Stapel ein.

Die Wikinger waren auch Jäger.
Welche drei Tiere haben sie aber sicher nicht gejagt?
Streiche sie durch.

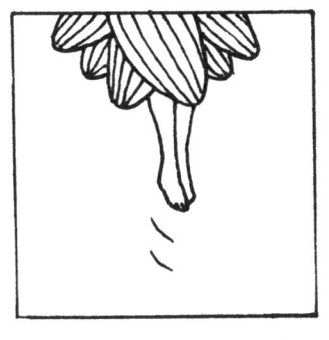
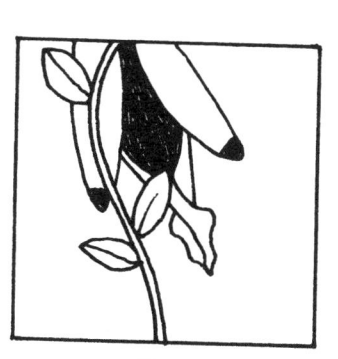
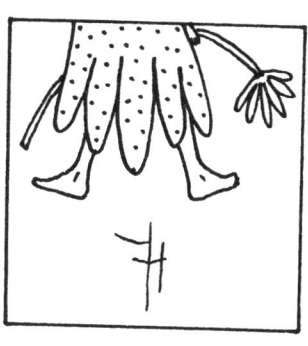

Welche Beine gehören zu welchem Elfenmädchen?
Verbinde, was zusammengehört.

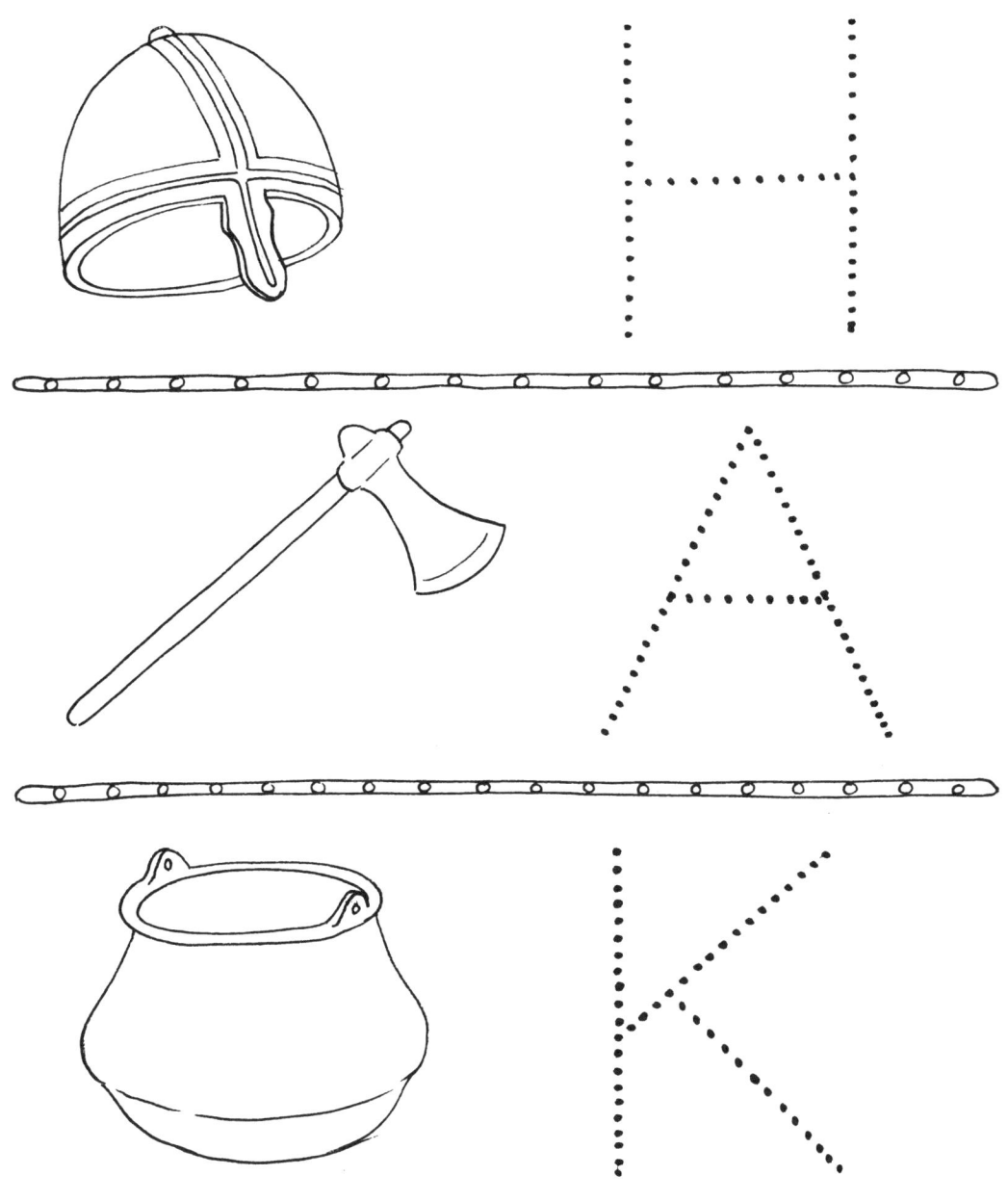

Sprich laut, was du siehst, und fahre die Buchstaben
mit vielen verschiedenen Farben nach.

Wozu tanzen die Mädchen?
Spure die Buchstaben nach, und finde es heraus.

Sind das Zwillinge? Nein, es gibt fünf Unterschiede.
Kreise sie bei der rechten Elfe ein.

Welches Kind hat welchen Fisch an der Angel?
Male Fisch und Kind in der gleichen Farbe aus.

Verbinde die Elfen mit dem richtigen Schattenbild.

Finde die sieben Fehler im unteren Bild,
und kreise sie ein.

Sprich laut, was du siehst. Was beginnt mit F?
Male diese Dinge aus.

Wie heißt der Wikingerjunge?
Male die Punktelinien nach.

Elfchen lernt fliegen. Auf welchem Seerosenblatt
wird es landen? Folge der Linie, und du findest es heraus.

5 6 7   7 8 9   5 6 7

Fischmarkt im Wikingerdorf. Wie viele Fische verkauft jede Frau?
Male das richtige Feld aus.

8 7 9

Wie viele Knoten bilden sich zwischen den beiden Ballerinas?
Kreuze die richtige Zahl an.

In diesem Muster sind vier Tiere versteckt.
Male sie aus.

Jedes Gefäß wirft einen Schatten.
Verbinde die Paare.

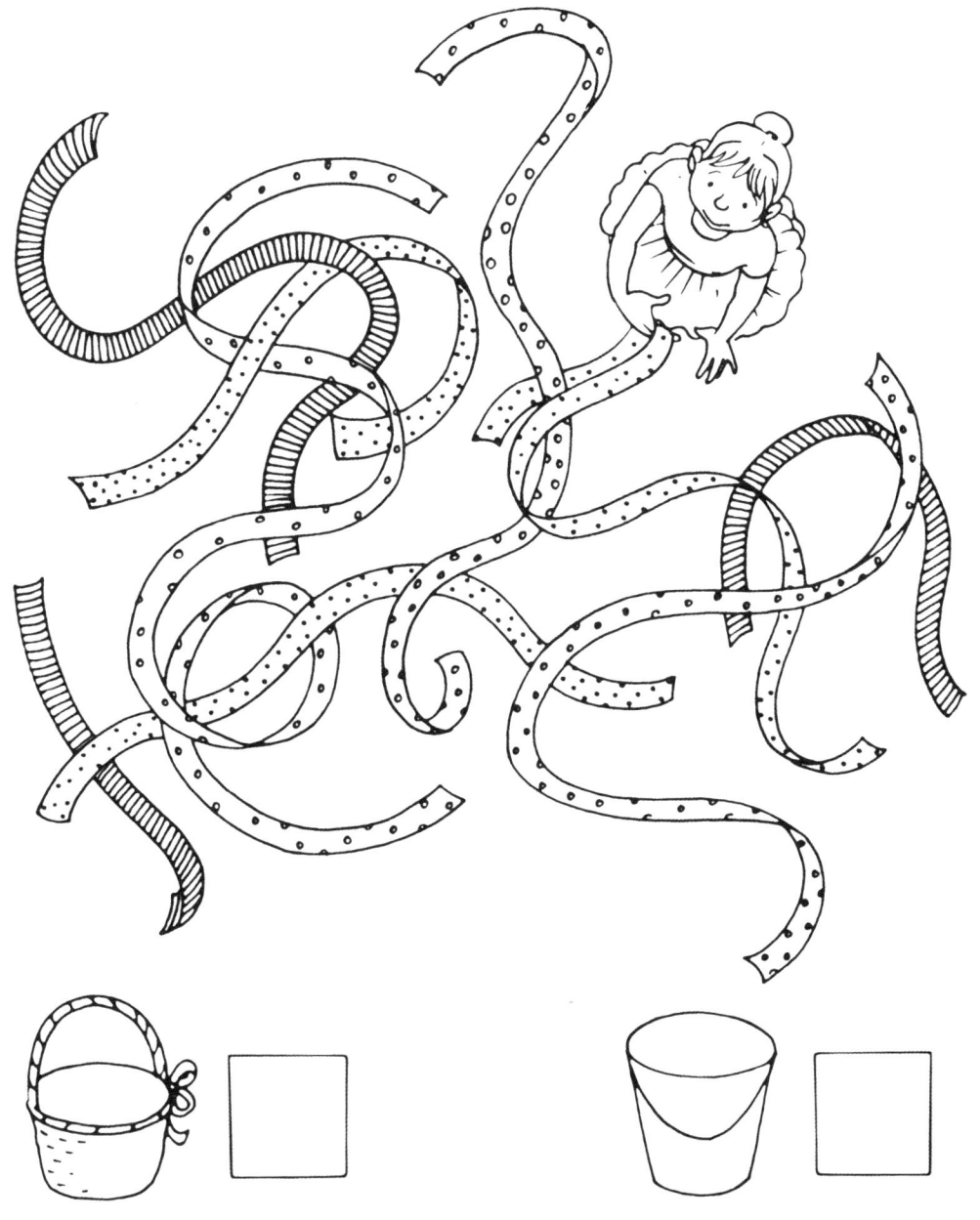

Hanna sortiert alle gepunkteten Bänder in den Korb
und alle gestreiften Bänder in den Eimer.
Wie viele sind es jeweils? Schreibe die Zahl in das Kästchen.

Zähle alle Schafe, Lämmer und Krähen.
Schreibe die Anzahl jeweils in die passenden Kästchen.

Welches Stück Stoff gehört zu welchem Tuch?
Verbinde mit einer Linie.

Welche vier Dinge gab es in der Wikingerzeit noch nicht?
Streiche sie durch.

1 2 3

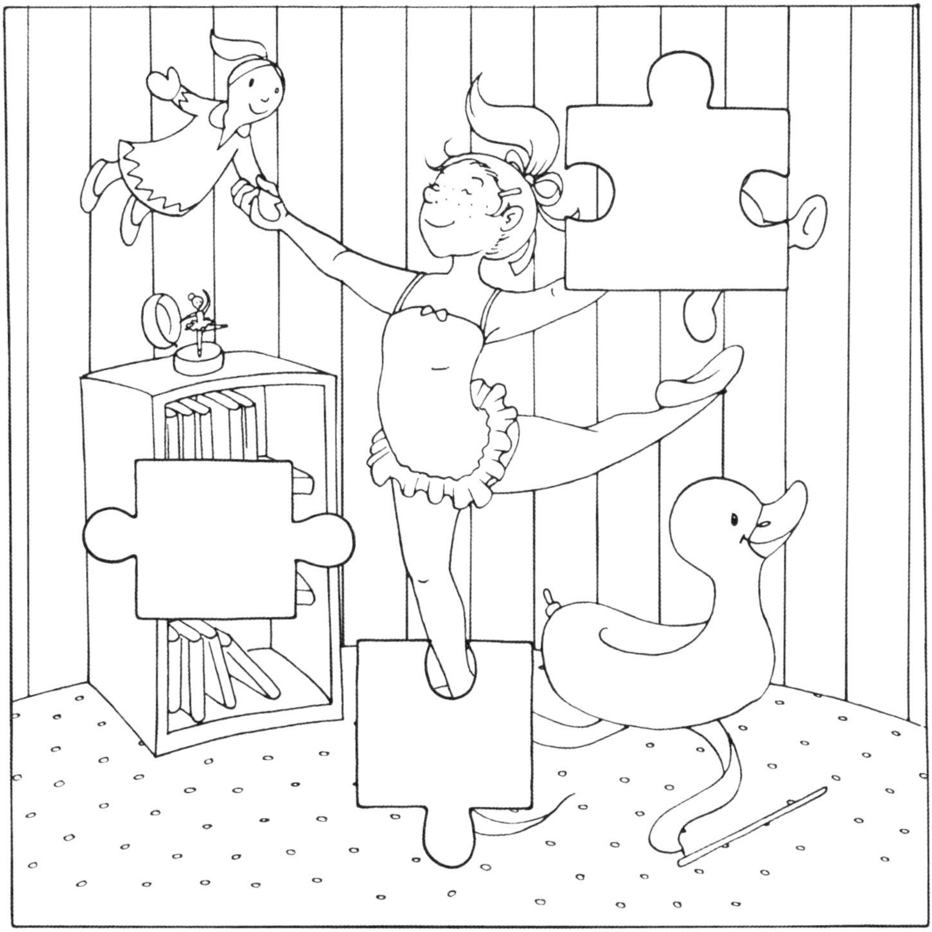

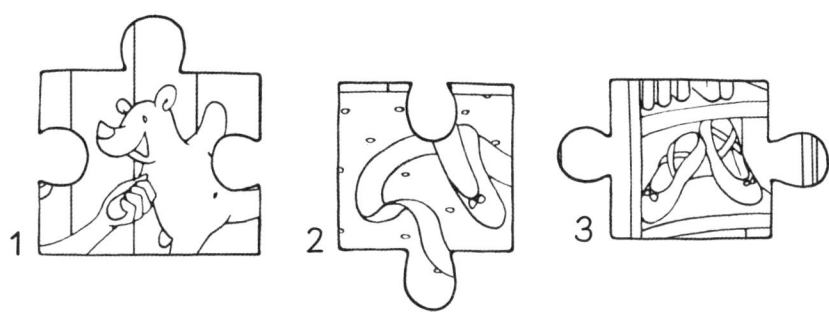

Welches Puzzleteil gehört an welche Stelle?
Verbinde mit einer Linie.

Wie viele Fische schwimmen nach rechts? Male sie rot an,
und schreibe ihre Anzahl auf. Wie viele Fische schwimmen
nach links? Male sie blau an, und notiere ihre Zahl.

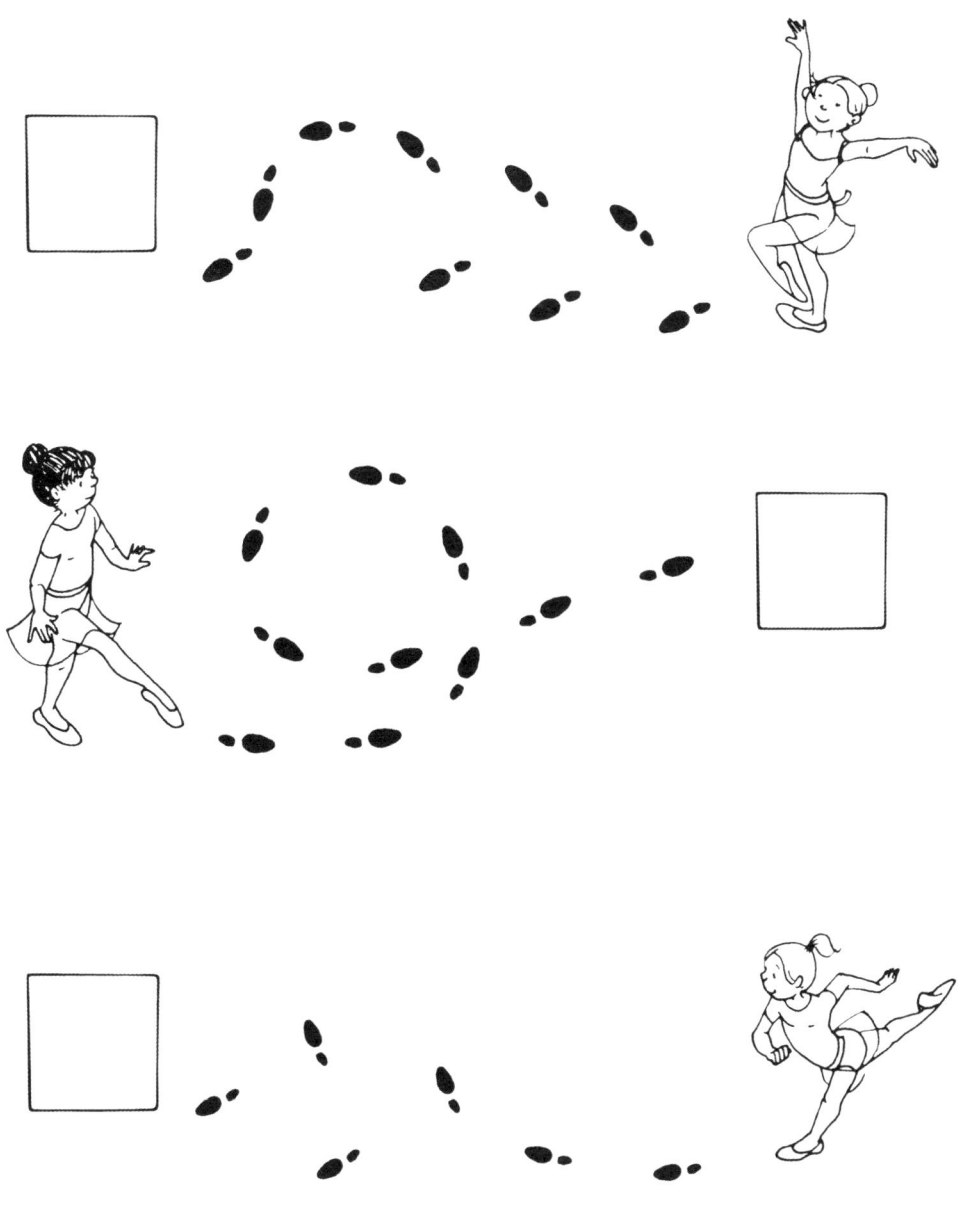

Aus wie vielen Schritten bestehen die Choreografien?
Zähle die Fußspuren, und schreibe die Zahl in das Kästchen.

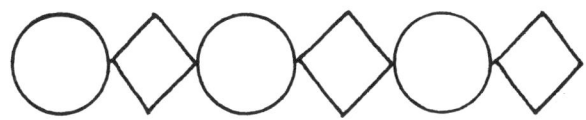

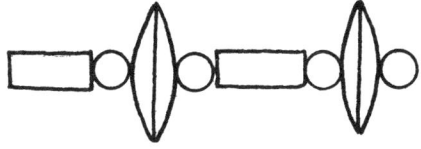

Ketten aus Gold und Diamanten.
Vervollständige sie, und male sie farbig aus.

Woraus kocht die Wikingerfrau eine Suppe?
Male das passende Bildchen aus.

Ein Bild aus der Wikingerzeit? Dann stimmen hier aber
sieben Dinge nicht. Finde sie, und kreuze sie an.

Das kleine Elfchen liebt Blumen. Aber diesen hier fehlt etwas!
Male schnell die Blüten auf die Stängel.

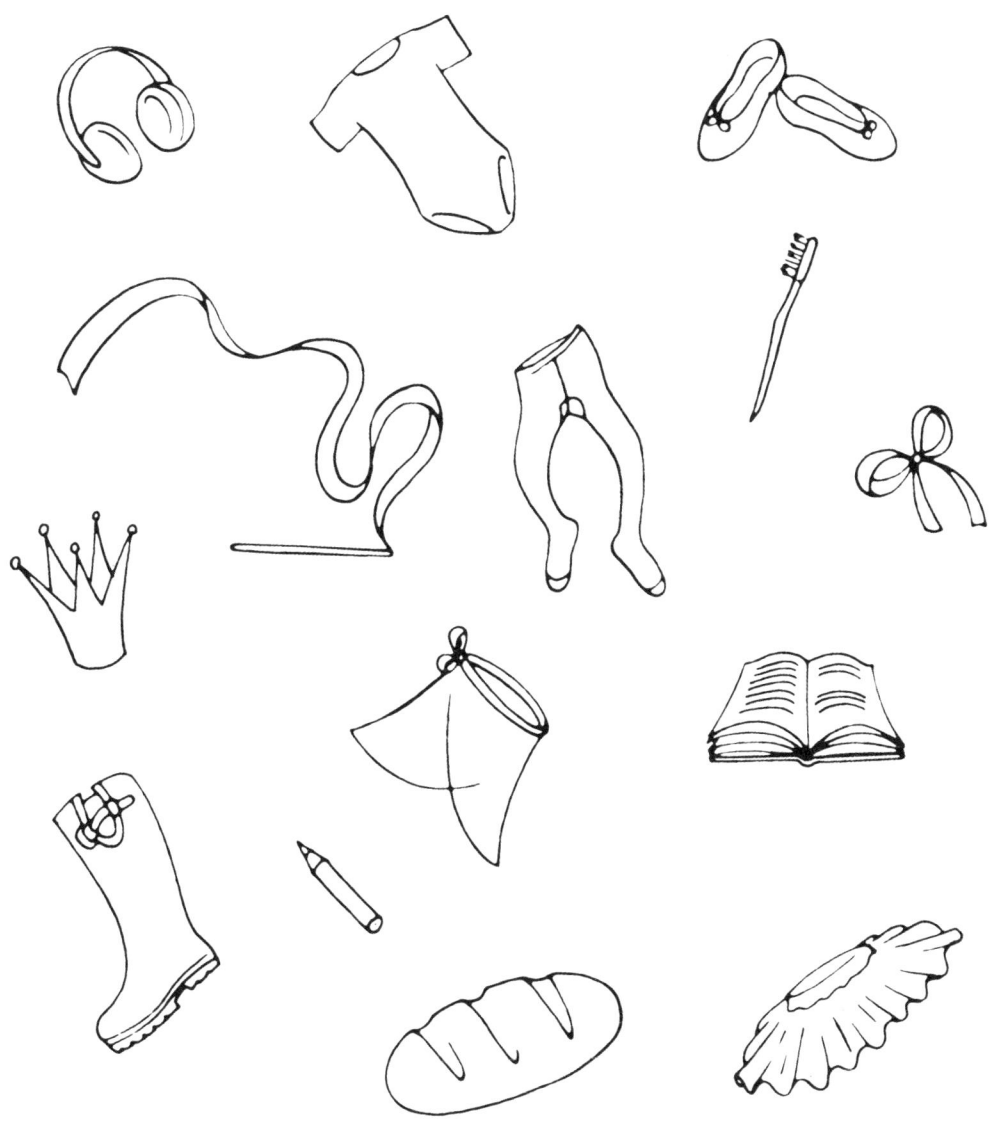

Kreise alle Gegenstände ein,
die beim Ballett benutzt werden können.

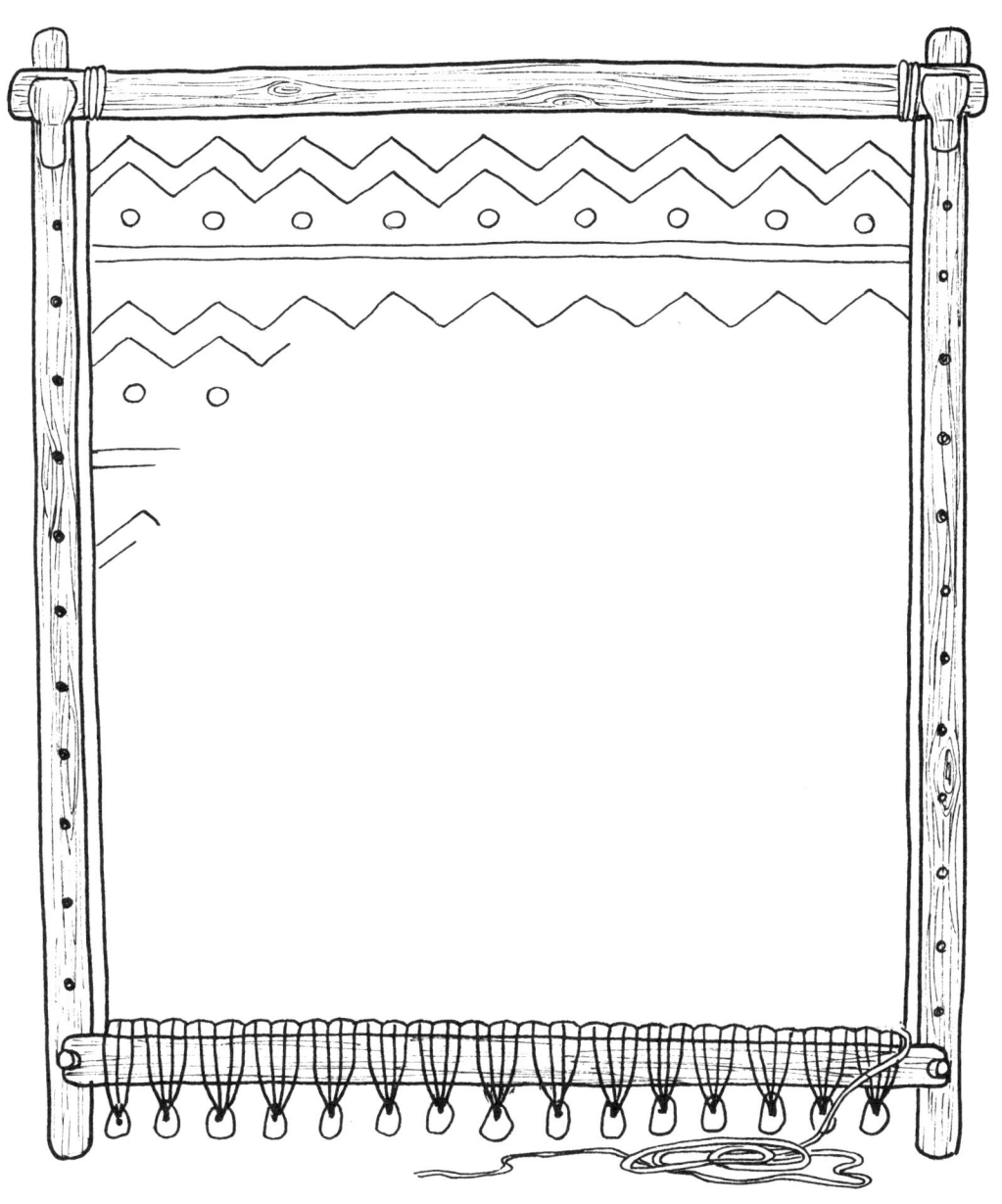

Zeichne das Muster weiter,
und male den Wandteppich aus.

Die kleine Elfe liebt bunte Farben.
Male das Bild in deinen Lieblingsfarben aus.

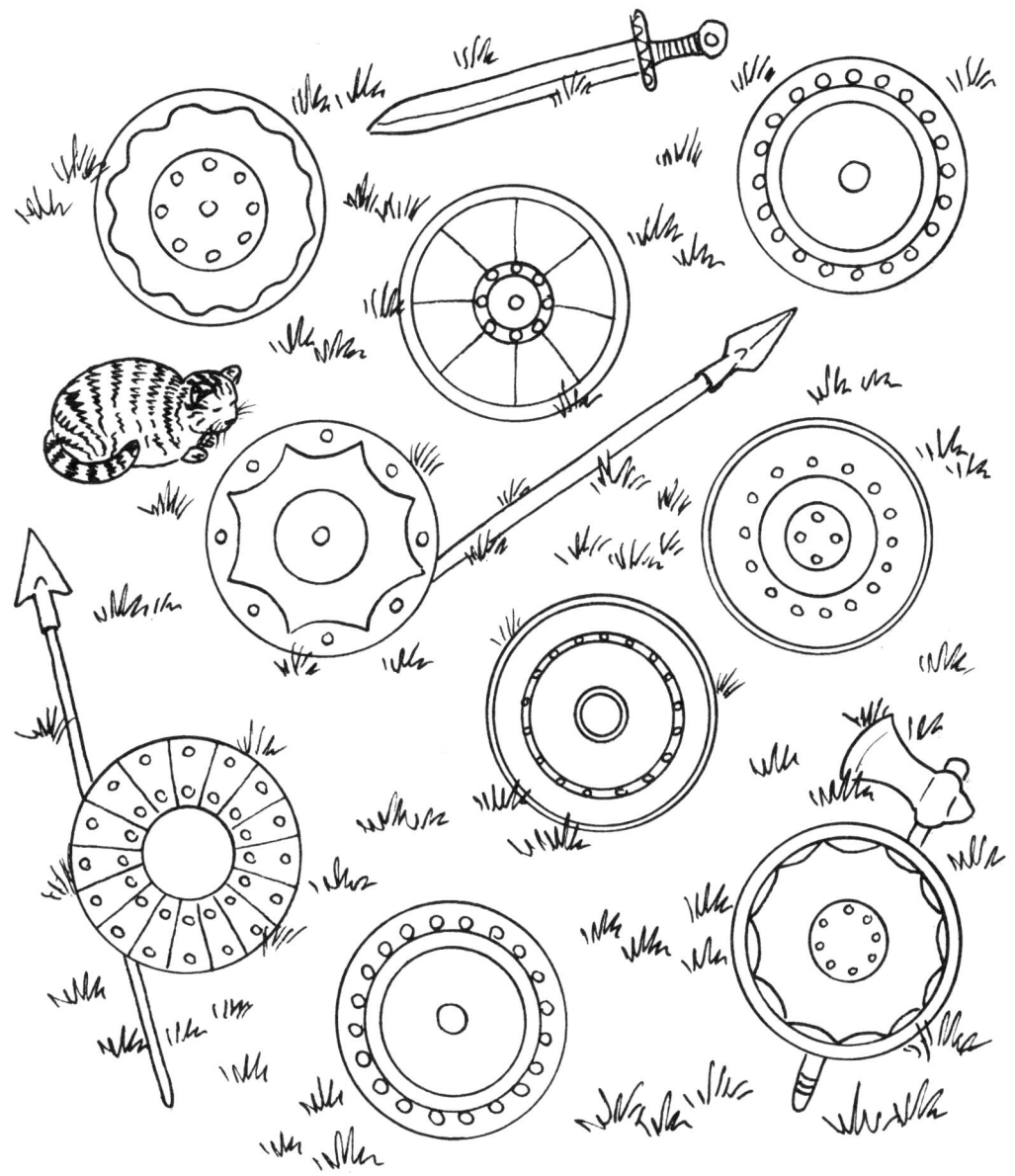

Die Wikinger haben ihre Waffen und Schilde auf der
Wiese abgelegt. Welche zwei Schilde sind gleich?
Male sie aus.

Im Wikingerdorf leben viele Menschen.
Wen siehst du hier nur einmal?
Kreuze an.

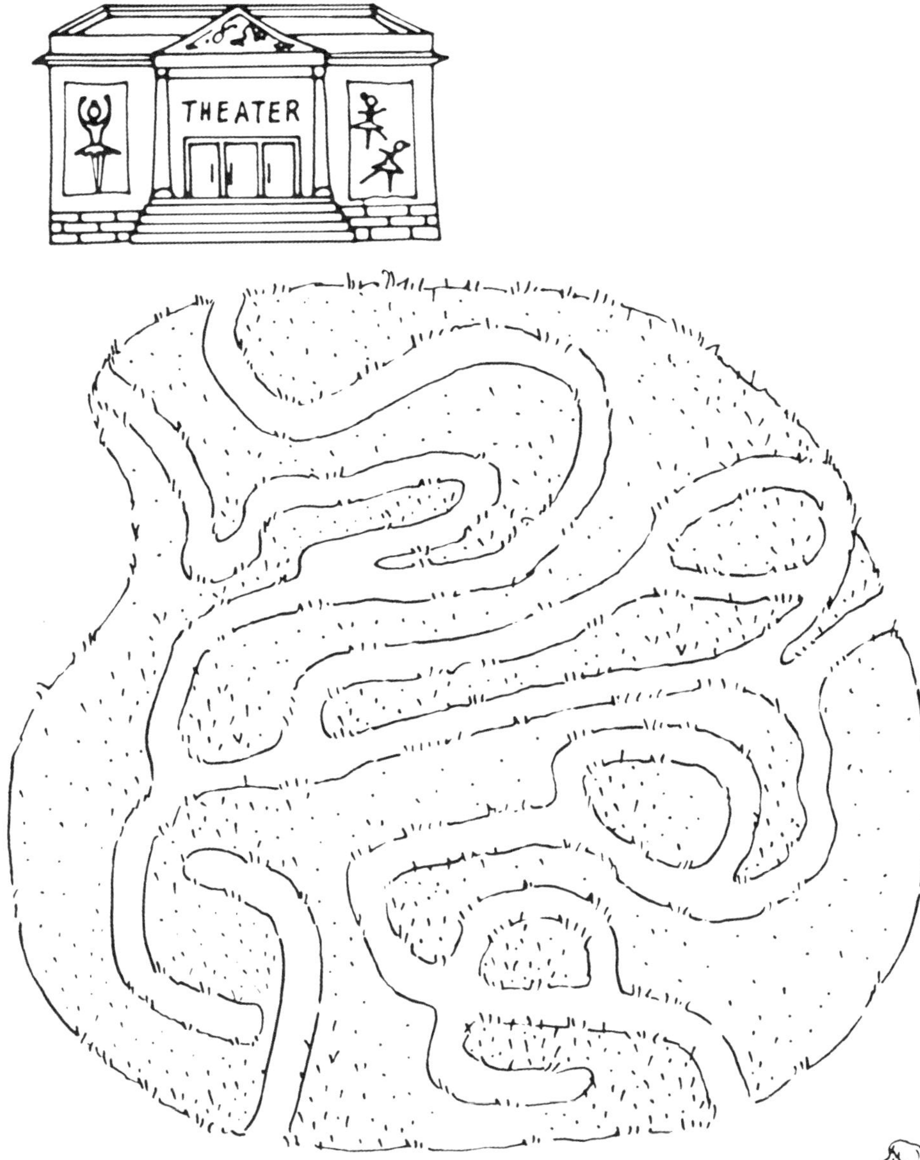

Maria möchte gerne ins Theater.
Auf welchem Weg gelangt sie am schnellsten dorthin?
Zeichne ihn ein.

Du kannst ganz leicht ein Wikingerboot zeichnen.
Versuche es selbst.

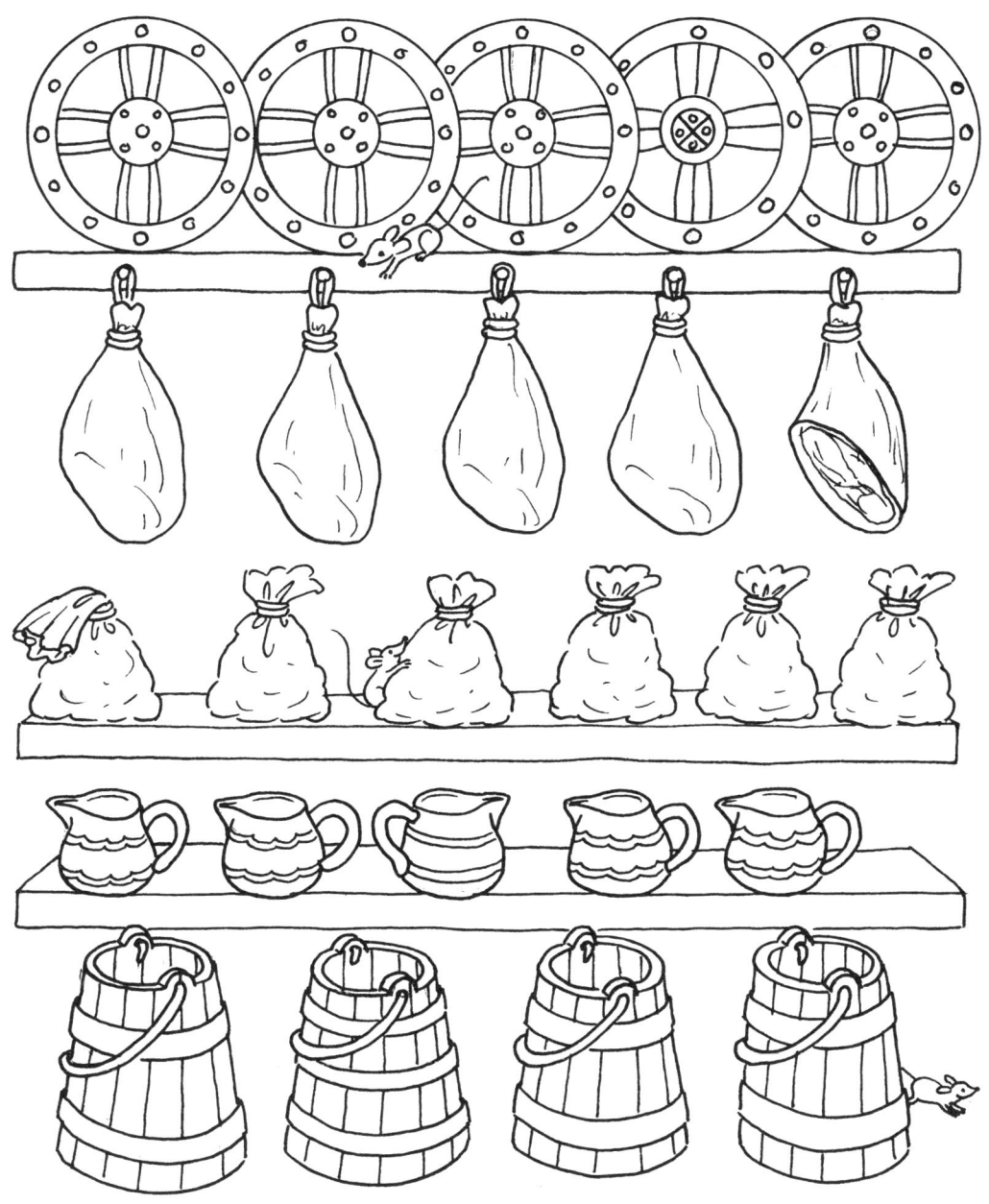

Immer ein Ding ist anders als die anderen.
Streiche es durch.